LA
CHAMBRE DES DÉPUTÉS

DE 1876

SES ACTES, SES TENDANCES

LES CAUSES DE SA DISSOLUTION

PARIS

FÉCHOZ, LIBRAIRE-ÉDITEUR

5, rue des Saints-Pères, 5.

1877

LA CHAMBRE DES DÉPUTÉS DE 1876

SES ACTES, SES TENDANCES

LES CAUSES DE SA DISSOLUTION

I

Les élections de 1876.

Le 20 février 1876, les électeurs étaient réunis dans leurs comices, d'un bout de la France à l'autre, pour procéder à des élections législatives. De ce scrutin sortit la Chambre des députés, que le maréchal de Mac-Mahon, chef du Pouvoir exécutif, a jugé nécessaire de dissoudre le 24 juin dernier, sur l'avis conforme du Sénat.

Ces élections furent entachées d'un vice originel : le défaut absolu de sincérité. Les questions étaient mal posées ; elles furent encore plus mal comprises.

Exploitant avec habileté et audace la forme républicaine de la Constitution votée en 1875, les candidats des Gauches se posèrent en *conservateurs* de l'ordre de choses établi. Aux paysans, aux ouvriers, ils tinrent ce langage : Vous avez intérêt à éviter toute commotion nouvelle, tout changement nouveau de gouvernement. Nous sommes en République ; nommez donc des républicains connus et éprouvés.

— Ce langage reposait sur une équivoque ! Il rappelait la sinistre plaisanterie des communards de 1871 qui, eux aussi, se prétendaient *conservateurs*, sous le prétexte qu'ils visaient à conserver le régime insurrectionnel dont ils infligeaient l'opprobre à la capitale de la France.

Comme si l'esprit de *conservation* consistait à maintenir un état révolutionnaire !

Ce sophisme ne fit qu'un trop grand nombre de dupes lors des élections de 1876.

Les protestations de fidélité que les candidats républicains prodiguaient au Maréchal, achevèrent de dérouter et de tromper l'opinion. A les entendre, on eût dit que le Maréchal n'avait pas de plus fidèles amis. Mais la suite n'a pas tardé à prouver qu'ils supportaient impatiemment sa présence, qu'ils avaient pour objectif d'abord de le réduire à l'impuissance, et finalement de le supplanter...

De toutes parts, des piéges et des mensonges ; partout l'obscurité et partout la confusion ; voilà dans quelles conditions se firent les élections de 1876.

Le résultat fut de donner aux Gauches réunies une importante majorité.

Peut-on soutenir de bonne foi que c'était là une manifestation libre et réfléchie de la volonté du pays ?

II

Les Invalidations.

Les candidats républicains avaient prodigué durant la période électorale les plus séduisantes promesses.

Voter pour eux, c'était voter pour la réalisation de toutes les réformes et la suppression de tous les abus ; c'était assurer le retour de l'âge d'or.

D'après les plus ardents, la face des choses devait être renouvelée en 24 heures, dès le lendemain des élections. Au dire des modérés, c'était une affaire de quelques jours seulement : « Je ne vous demande qu'un crédit de trois semaines, disait « M. Gambetta ; et après, vous verrez... »

On vota ; et que vit-on ?

On vi.. des invalidations.

La majorité républicaine usa en persécutions contre la minorité conservatrice un temps précieux, que les intérêts du pays réclamaient et qui coûtait cher aux contribuables.

A-t-on oublié ce spectacle écœurant ?

Tous les députés républicains furent validés, alors que certains d'entre eux n'avaient eu que 40, 30 ou même 3 voix de majorité, et alors que les griefs les plus sérieux étaient allégués et établis contre la régularité de leurs élections !

A l'inverse, il arriva que des députés conservateurs, dont les majorités se chiffraient par des centaines et souvent par des milliers de voix, furent renvoyés devant les électeurs.

En vain ceux-ci avaient clairement et sincèrement affirmé leur sentiment : on cassait leur arrêt ; on ne tenait nul compte de leurs volontés.

Voilà comment la Chambre de 1876 comprenait l'équité et respectait ce suffrage universel, dont les républicains ne proclament la souveraineté qu'à la condition de trouver en lui un instrument servile.

III

L'OEuvre législative de la Chambre de 1876.

La Chambre n'aurait pas demandé mieux que de toujours invalider. C'était une besogne à la hauteur de sa conscience et de son intelligence.

Un jour vint toutefois où il fallut s'arrêter. On s'arrêta quand tous les conservateurs dont la nomination avait soulevé la moindre protestation, eurent été exclus.

On dut alors vaquer à d'autres soins.

Certes, pour des députés soucieux de

marquer par des réformes utiles leur passage au pouvoir, la carrière était vaste, la mission était belle. L'Assemblée Nationale de 1871 avait, pour notre malheur, laissé beaucoup à faire.

Les questions de finances s'imposaient tout d'abord à l'attention. Les 363 s'étaient engagés d'avance à remanier l'assiette des impôts et à *porter la hache dans la forêt des abus*. Leur fameuse commission du budget s'occupa de tout, brouilla tout et ne parvint à rien. Elle n'accoucha finalement que d'un projet mort-né, absolument impraticable, et pour lequel son auteur même, M. Gambetta, n'osa pas affronter le grand jour de la discussion publique.

Les questions de chemins de fer présentaient une importance non moins capitale. La Chambre entreprit de les aborder ; mais elle ne réussit qu'à nous attrister par des discussions confuses, sans résultat, et qui dénotaient la plus parfaite ignorance du sujet.

A-t-elle été mieux inspirée dans les questions d'organisation militaire ? Le 22 décembre 1876, elle rejetait une proposition tendant à améliorer le sort des sous-officiers. Ensuite, elle employait de longues séances à discuter l'amendement du républicain Laisant qui, par la suppression du volontariat d'un an, bouleversait tout un système à peine inauguré, au risque de nous laisser désarmés pour longtemps.

La situation précaire de notre marine marchande inquiète à juste titre tous ceux qui ont souci de la grandeur et même de la sécurité nationales. Qu'a fait la Chambre à cet égard? Rien, absolument rien.

Depuis longues années, l'agriculture et l'industrie sollicitent des modifications en matière de droits de succession et de mutation. Qu'a fait la Chambre dans cet ordre d'idées? Rien, encore rien, toujours rien.

Électeurs, demandez à vos mandataires de 1876 ce qu'ils ont fait pour alléger vos charges et augmenter votre bien-être : ils n'auront rien à vous répondre. Toutes ces grandes questions d'impôts à réviser, de réformes économiques à introduire, de réseaux ferrés à ouvrir et à rectifier, — tout cela les ennuyait, de même que la musique ennuie l'auditeur qui ne sait pas la comprendre.

Une de ces *discussions d'affaires* était-elle inscrite à l'ordre du jour ? Le vide se faisait aussitôt, et les rares députés présents ne cachaient pas leur lassitude. A tel point qu'un jour le rapporteur de la loi des chemins de fer, M. R. Waddington, dut commencer ainsi un discours : « Je me vois forcer de vous parler d'affaires ; je vous en prie, ne vous impatientez pas trop. »

Et cependant, électeurs, vous les aviez nommés pour gérer vos affaires, ces 363 qui de nouveau briguent vos suffrages. Mais la plupart d'entre eux, par la conduite qu'ils ont tenue, nous ont donné le droit de leur appliquer ce que l'on a dit de leur chef, M. Gambetta : « Qu'importe « les électeurs lorsque la nomination est « obtenue !... Il (M. Gambetta) a prouvé « que pour lui la politique n'était qu'un « moyen d'arriver et que les réformes des- « tinées à améliorer le sort matériel des « classes laborieuses n'étaient pas dignes « d'être examinées : GOUVERNER, RÉGNER, « JOUIR, AVEC L'ENSEIGNE DE LA RÉPUBLIQUE, « C'EST TOUT ! »

Voilà en quels termes M. Gambetta a été apprécié par un autre des 363, M. Ordinaire. On se connaît et l'on se juge bien entre républicains !

— C'était pour les incidents tumultueux, pour les interpellations bruyantes, pour les discussions susceptibles de troubler le pays au lieu de le servir, que les républicains réservaient leur activité. Oh ! quand il s'agissait de faire non plus de la bonne administration, mais de la politique radicale, ils savaient se mettre à l'œuvre rapidement et résolument.

Ils n'avaient pas le temps d'étudier les lois de finances : mais ils trouvaient celui de surexciter les passions antisociales en proposant l'AMNISTIE pour les condamnés de la Commune !

A ces hommes là, il ne fallait pas parler des problèmes de l'organisation municipale : ils croyaient avoir tout fait quand ils avaient décrété la publicité des séances des conseils municipaux.

Il ne fallait pas leur demander une opinion raisonnée sur les questions de liberté commerciale ou industrielle : tout se réduisait pour eux à la liberté des débits de boisson, naturellement dans un intérêt électoral.

Que l'on compulse leurs votes, et partout on découvrira l'empreinte de la passion politique, la pire des conseillères. Et encore convient-il de tenir compte des nombreuses circonstances où la crainte d'un conflit avec le Sénat les a arrêtés sur une pente nuisible.

Qu'on les suive surtout et qu'on les observe sur le terrain des polémiques religieuses. Il est naturel que nous nous arrêtions sur ce sujet, puisqu'il a préoccupé d'une façon toute spéciale la Chambre de 1876.

Ces soi-disants représentants d'une nation presque exclusivement catholique se donnaient pour mission de déclarer la guerre au *cléricalisme*. Et ce terme commode de cléricalisme embrassait dans la pensée de la plupart d'entre eux toute idée et toute foi religieuses.

Ils ne parlaient et ne parlent encore que de détruire un prétendu *gouvernement des curés*, qui n'a jamais eu d'existence que dans leurs imaginations.

Le prêtre commande et enseigne le

désintéressement, la charité, toutes les vertus chrétiennes en un mot. Voilà pourquoi le prêtre est antipathique à un si grand nombre de républicains.

Ajoutons qu'aux yeux de quelques meneurs tout au moins, la lutte contre le cléricalisme présente un autre genre d'utilité.

Lorsque les électeurs de Belleville, par exemple, demandent à M. Gambetta : Où en est la révolution sociale ? — la réponse ne laisse pas d'être embarrassante. Aussi, M. Gambetta préfère-t-il détourner la question ; il trouve plus simple, et surtout moins dangereux, de prendre une attitude théâtrale, de grossir sa voix, et de s'écrier : « L'ennemi, c'est le cléricalisme ! »

Et les électeurs sont dupes de ce jeu ! Et ils se déclarent satisfaits ! Et M. Gambetta se refait ainsi une popularité !

Pauvres électeurs ! Comme s'ils devaient gagner quelque chose à la suppression des Sœurs de Saint-Vincent de Paul qui les soignent, des prêtres qui les assistent et les consolent, de la religion qui leur ouvre les perspectives éternelles, et qui, dès ici-bas, les soulage, sans les humilier, grâce aux bienfaits de la charité !

Mais, quoi qu'il en soit de ces aberrations, nous devons constater que cette manœuvre a profité à M. Gambetta et à ses amis. Aussi n'ont-ils pas omis une occasion de la reproduire.

Un de leurs premiers actes fut d'abroger la loi récemment votée sur la liberté de l'enseignement supérieur. C'est ainsi que ces républicains respectent les libertés dont ils ne sont pas seuls à se servir.

Ils refusèrent obstinément d'allouer aux desservants une modique augmentation de traitement que proposait le ministre Dufaure, — un républicain pourtant.

Ils inclinaient vers la radiation totale du budget des cultes, oubliant qu'il s'agit là d'une véritable *dette* de l'État, d'un *engagement* solennellement contracté lors de la confiscation des biens d'église sous la Révolution.

Chaque jour, des interpellations souvent grotesques, presque toujours odieuses, étaient portées à la tribune. Tantôt une religieuse était accusée par M. B. Raspail de *rôtir* des petites filles; et tantôt un radical de Marseille osait contester à un prêtre le droit de réunir chez lui des ouvriers dans un but d'instruction morale.

Harcelé et fatigué, M. Jules Simon lui-même était forcé de faire cet aveu : « *Avec les interpellations qu'on m'adresse tous les jours, il me devient impossible de vaquer à l'administration du pays.* »

La forme de ces discussions était digne du fond. Les orateurs républicains envoyaient à leurs adversaires les épithètes de MISÉRABLES et de POURRITURE IMPÉRIALE. Voilà ce que les 363 avaient fait de la tribune législative, jads illustrée par notre grand Berryer !

Chose inouïe dans une assemblée Française ! Parmi ces républicains que les élections de 1876 ont fait entrer dans la vie publique, pas un homme ne s'est révélé ! Beaucoup d'entre eux se proposaient d'imiter les Conventionnels, dont le nom est écrit en lettres de sang dans l'histoire nationale : ils n'avaient que leurs passions haineuses et brutales ; ils n'avaient pas même leur talent !

IV

La Dissolution.

Tout ce qui précède peut se résumer d'un mot : la Chambre de 1876 a négligé les mesures législatives que réclamaient les besoins du pays ; elle n'a rien négligé de ce qui pouvait diviser les esprits et soulever les passions.

Mais ce sont surtout les tendances politiques des 363, c'est leur prétention d'inspirer à eux seuls, et sans souci de la majorité du Sénat, la marche du gouvernement, c'est leur volonté bien arrêtée d'imposer un ministère républicain d'abord, radical ensuite, afin d'annihiler d'abord l'autorité du Maréchal et d'écarter ensuite sa personne, — ce sont tous ces motifs qui ont fait de la dissolution une nécessité impérieuse.

Contrairement aux termes de la Constitution qui établit trois pouvoirs distincts : le Sénat, le Maréchal-Président, la Chambre des députés, cette dernière visait à devenir le seul corps de l'État, à agir seule, à gouverner seule.

Et en réclamant ces hécatombes de fonctionnaires, que l'on appelait l'*épuration administrative*, en s'opposant au maintien, dans les conseils du gouvernement, des hommes d'ordre, voire même des républicains modérés, le but des 363 n'était rien autre chose que l'avénement du *radicalisme légal*.

Au début, M. Ricard semblait assez républicain pour leur donner ample satisfaction. Il n'en fut rien, et sa situation était plus que compromise lorsque la mort vint le surprendre.

Son successeur, M. de Marcère, était un républicain plus avancé. En outre, le Cabinet dont il faisait partie comprenait M. Dufaure, un homme qui aurait déjà fondé la république conservatrice si l'entreprise ne présentait pas en France des difficultés insolubles. Le ministère Dufaure-Marcère se trouva *onze fois* en minorité devant la Chambre, et dut se retirer.

Ce fut alors le tour de M. Jules Simon. Mais ni l'habileté et la souplesse de cet homme du 4 septembre, ni ses opinions et sa politique *résolument républicaines*, ne parvinrent à lui procurer une situation solide. Il ne se maintint quelque temps qu'au prix de sacrifices quotidiens. Il est vrai qu'il ne sacrifiait que sa dignité. Au lieu d'être suivi par les 363, il les suivait servilement ; au lieu de se faire accepter par eux, il subissait leur joug. Et malgré tant d'abnégation, — pour employer un terme poli, — il allait être congédié par ses amis de la gauche, quand le Maréchal prit les devants à la date du 16 mai.

Tel était donc le résultat des concessions faites à la majorité de la Chambre : les exigences croissaient sans cesse et devenaient de plus en plus intolérables.

De jour en jour l'opportunisme se démasquait davantage et se rapprochait de l'extrême-gauche. Il aurait fallu désormais un aveuglement coupable pour ne pas comprendre qu'entre opportunistes et intransigeants, les moyens seuls diffèrent, le but est identique. Ainsi que le disait l'honorable ministre de l'intérieur le 16 juin dernier : « L'opportunisme, ce « n'est point le radicalisme corrigé, adouci, « transigeant ; non ! C'EST LE RADICALISME PA- « TIENT, C'EST LE RADICALISME CACHÉ QUI SE MÉ- « NAGE LE MOYEN ET NOURRIT L'ESPÉRANCE DE « SURPRENDRE LE PAYS APRÈS L'AVOIR ENDORMI. »

Dans cette situation, le Maréchal, nommé par les conservateurs et investi de leur confiance, pouvait-il conserver la Chambre ?

Non, il ne le pouvait pas.

Ne devait-il pas user, pour prévenir l'invasion des doctrines radicales, qu'il avait précisément reçu au 24 mai 1873 mission de combattre, des moyens de résistance légale que la Constitution mettait dans ses mains?

Oui, il le devait.

Sa conscience d'honnête homme lui en faisait un devoir. Mais surtout son patriotisme lui dictait cette conduite.

A la merci des radicaux, la France deviendrait pour l'Europe un sujet de craintes et d'appréhensions. Les puissantes monarchies dont nous sommes entourés se ligueraient pour éteindre dans son foyer l'incendie qui les menacerait.

Le maréchal de Mac-Mahon n'a pas inauguré le 16 mai une politique de combat : il n'attaque pas, il repousse des attaques qui tendent à compromettre l'avenir même de la société. C'est une politique de *préservation sociale.*

Par cet acte de vigueur nécessaire, le Maréchal a rempli son devoir.

Les électeurs rempliront le leur en prenant pour mandataires des hommes qui sauront placer l'intérêt de la France au-dessus des ambitions personnelles, des passions de parti et de l'exclusivisme républicain ; des hommes qui sauront voter les lois utiles et éloigner les sujets d'agitation stérile ; qui ne risqueront pas d'effrayer par leurs tendances antisociales les nations voisines ; qui assureront la sécurité au-dedans et dont la modération garantira la paix à l'extérieur.

Paris. — Imprimerie SOUSSENS et Cⁱᵉ, 61, rue de Lille.